Théâtre / Comédie

De l'autre côté du pont Mirabeau

De l'autre côté du pont Mirabeau

Une comédie de

Christine Virbel Alonso

Édition : BoD – Books on Demand, info@bod.fr
Impression : BoD – Books on Demand, In de Tarpen 42,
Norderstedt (Allemagne)

Impression à la demande

ISBN : 978-2-3225-1890-6
Dépôt légal : Janvier 2024

Le rire est un bien commun qu'il faut cultiver pour le plaisir de tous et pour conjurer sa propre peine.

CVA

Les personnages

Paul Jauze, auteur de livres sur la culture et le patrimoine de France (environ 50-55 ans)

Claire Jauze, sa femme, professeure d'Histoire (47-50 ans)

Guillaume Jauze, leur fils, étudiant en droit (20 ans)

June, jeune étudiante au pair britannique (avec un fort accent, cheveux clairs, 19 ou 20 ans)

Hortense Duchamin, héritière d'un célèbre industriel (environ 65 ans)

Jacques Duchamin, mari d'Hortense et inventeur (environ 65-70 ans)

Un livreur de pizza (vrai livreur si possible, sinon acteur qui s'appellera Manu)

Un cambrioleur

Deux policiers

De l'autre côté du pont Mirabeau

ACTE PREMIER

Dans un bel appartement du 15è arrondissement de Paris. On aperçoit la Tour Eiffel par la fenêtre du salon donnant sur un balcon. La décoration du salon est bourgeoise, ne serait-ce une touche de modernité apportée par un long et profond fauteuil-liseuse du célèbre designer Philippe Scratch, doté de longs accoudoirs (empêchant celui qui s'y assoit de pouvoir en ressortir facilement). Le fauteuil est placé devant la scène, un peu de côté mais proche des spectateurs. Un canapé est installé de l'autre côté de la scène. Une table et des chaises complètent le décor, derrière.

Paul Jauze finit de se préparer : il noue sa cravate devant un beau miroir. Claire Jauze dresse la table du salon aidée de June. Guillaume Jauze, habillé d'un jean troué, est vautré dans le fauteuil-liseuse avec un livre épais sur lequel est indiqué le mot « DROIT ». Les parents ne voient pas ce que leur fils lit, les spectateurs non plus.

Paul - Ma chérie, à quelle heure les Duchamin doivent-ils arriver ?

Claire - Je leur ai dit entre 19h30 et 20h. Assez tôt en fait, le temps de prendre un apéritif et de passer tranquillement à table, sans que la soirée ne se termine trop tard. Demain matin, j'ai mon cours d'équitation au bois de Boulogne et je n'ai pas envie de me coucher trop tard.

Paul - Je comprends, ma colombe, mais n'oublie pas que j'ai besoin de l'accord d'Hortense pour mon projet d'édition. Alors, s'il te plaît, ne montre pas trop d'impatience si la soirée se prolonge un peu.

Claire - Mais non, bien-sûr. J'aime bien les Duchamin. Jacques a toujours des anecdotes amusantes à raconter à propos de ses dernières inventions. J'apprécie Hortense aussi, même si je la trouve vraiment « too much » avec son 16è. Parfois, je me demande comment ces deux-là ont fait pour se mettre ensemble. Un inventeur un peu fou-fou avec la fille d'un industriel richissime. Jacques devait vraiment l'aimer pour affronter son futur beau-père et lui dire qu'ils avaient l'intention de se marier.

Paul - Après ce qui lui est arrivé, le père d'Hortense s'est peut-être dit qu'il valait mieux un futur gendre vraiment épris de sa fille, même pauvre, plutôt qu'un type riche moyennement amoureux. Celui qui aime vraiment fait tout pour protéger sa femme en cas de coup dur.

Claire - C'est vrai. Les événements tragiques nous font souvent comprendre ce qu'il y a de plus important dans la vie, comme l'amour entre les membres d'une famille ou essayer de faire le bien autour de soi.

Paul - Je t'adore quand tu dis des choses pareilles, ma femme !

Il s'avance vers elle et l'embrasse sur la bouche.

Guillaume - Hé les tourtereaux ! Attentat à la pudeur devant étudiant en droit de seconde année, ça ne vous fait pas peur ?

Claire - On a encore un peu de temps d'ici à ce que tu sois avocat, mon fils ! Alors… *(elle lui fait gentiment signe avec les doigts de se taire en faisant « pp-pp » avec la bouche).* Et pour finir ce que je disais sur Hortense, je l'aime bien à la vérité. Seulement elle pourrait tout de même évoluer dans sa façon de s'habiller avec son bandeau en velours noir dans les cheveux *(Claire fait semblant de mettre un bandeau dans ses cheveux),* son chemisier boutonné jusqu'en haut *(elle mime Hortense qui boutonne le dernier bouton de son chemisier au niveau du cou),* sa jupe invariablement à mi-mollets *(elle lisse une jupe imaginaire jusqu'en* *bas des mollets)* donnant sur de sages ballerines *(elle bouge un pied devant elle)*. Je trouve qu'elle est trop « collet monté ». Cela dit, qui suis-je pour critiquer ?

June *(au fort accent anglais)* - Ça veut dire quoi « co-lley mon-té » ?

Guillaume - Ça veut dire qu'elle est grave et sérieuse mais de façon exagérée, avec affectation. Ce n'est pas naturelle, en fait. Tu comprends, ma petite June ?

June - Oui je comprends, William.

Paul - June, William s'appelle Guillaume.

June - Oui, mais dans ma langue, son prénom est William, comme le prince d'Angleterre.

Paul - Alors dans ce cas, je vais vous appeler Juin parce que dans ma langue, June est le sixième mois de l'année.

June - Vous avez raison, Monsieur Paul, je vais me corriger et appeler votre fils par son vrai prénom français : GOUILLAUME.

Guillaume *(faisant la grimace)* - Euh, je préfère William, finalement.

Paul - Moi aussi ! Va pour William, ma petite June. Après tout, il faut savoir s'adapter à son environnement.

Claire - June ou Juin, comme vous voulez, avez-vous préparé et mis le canard au four ?

June - Oui Claire, mais je l'allumerai quand les invités arriveront, comme ça nous pourrons prendre tranquillement l'apéritif et manger l'entrée pendant qu'il « cuirera ».

Guillaume - Qu'il cuira - cuira.

June *(avec un grand sourire)* - Oh oui, cuira ! Pardon !

Guillaume - Avec un tel sourire, tu peux faire toutes les fautes de français que tu veux, ma petite June. *(Il pose son manuel de droit et passe prestement par dessus un des bras du fauteuil-liseuse pour s'approcher de June comme pour l'embrasser mais se retient devant ses parents).*

Claire (*moqueuse et pas dupe*) - Guillaume, puisque tu sembles avoir fini ton chapitre sur l'attentat à la pudeur, pense à jeter un coup d'oeil à celui sur les conséquences d'une filiation hors mariage. (*Et parlant plus tendrement*) : Et puis va t'habiller un peu mieux, s'il te plaît. Je ne voudrais pas que Madame Duchamin trouve que de l'autre côté du Pont Mirabeau, c'est la jungle.

Guillaume (*rieur*) - A vos ordres Mein General !

Guillaume retourne prendre son manuel de droit sur le fauteuil-liseuse. En allant vers sa chambre, une revue de charme s'échappe du manuel de droit et tombe au sol. En la ramassant très vite et en la cachant maladroitement derrière son dos qu'il tourne au public, il déplie le poster d'une femme nue devant les yeux des spectateurs. Il replie le tout n'importe comment et sort. June part vers la cuisine.

Paul (*à voix un peu plus basse*) - Chérie ! Est-ce que tu es certaine d'avoir raison en confiant la préparation de notre dîner à une anglaise ?

Claire (*en bougeant les bras pour indiquer de parler moins fort*) - Chut ! June va t'entendre !

Paul - Mais non ! Elle est partie dans la cuisine. Elle n'a rien entendu.

June *(depuis la cuisine)* - Si, j'ai tout entendu, Monsieur Paul ! Mais comme vous le disiez tout à l'heure, il faut savoir s'adapter à son environnement. Ce soir, vous dînerez du canard au miel et au thym… à l'anglaise.

Paul lève les yeux au ciel et croise les doigts pour dire qu'il espère que cela sera bon !

ACTE II

La table est mise et tout le monde attend les Duchamin. Guillaume est mieux habillé. On sonne à la porte.

Paul - Les voilà !

Il se dirige vers l'entrée et ouvre la porte aux invités puis recule, comme effrayé lorsqu'Hortense Duchamin entre, enveloppée d'une couverture poilue jusque sur la tête (on ne voit que son visage et ses pieds chaussés de ballerines) mais heureuse et l'air soulagé. Jacques son mari suit, cheveux un peu ébouriffés (c'est un inventeur) une bouteille à la main, ravi d'être parmi des amis.

Les Duchamin - Bonsoir les amis ! / Bonsoir !

Paul leur donne l'accolade. Claire et Guillaume s'approchent pour les accueillir. June aussi, arrivant de la cuisine.

Claire *(embrassant les invités)* - Bonsoir Hortense, bonsoir Jacques.

Guillaume - Bonsoir Madame Duchamin *(il lui fait le baise-main)*, Jacques *(il lui sert la main franchement)*.

June - Bonsoir Madame, bonsoir Monsieur *(Jacques Duchamin s'incline légèrement devant June)*.

Jacques - Dîtes-moi, Paul, votre porte d'entrée ferme mal ou je me trompe ?

Paul - Oui, je sais. 12 000 € dans une porte blindée qui ne ferme pas bien. Ça vaut la peine, n'est-ce pas ? On attend l'installateur depuis trois semaines et il passera enfin mardi. Heureusement que le quartier est tranquille !

Hortense *(s'avançant vers le fauteuil)* - Tiens, vous avez investi dans un fauteuil-liseuse de Philippe Scratch !

Claire *(regardant le fauteuil)* : Oui, je me suis permise une petite folie. On nous l'a livré ce matin, mais à part Guillaume, personne n'a encore eu le temps de s'asseoir dedans ! *(Puis voyant comment Hortense est habillée)* Mais dîtes-moi Hortense, qu'est-ce que vous portez là ? *(et un peu dégoûtée)* C'est un manteau en quelle bête ?

Hortense *(sans retirer son manteau)* - Oh ne m'en parlez pas. Ce n'est pas un manteau, c'est un dessus de lit de relai de chasse. Jacques a tenu à ce que nous venions à pied et sans garde du corps. J'avais si peur, même s'il ne nous fallait que traverser le pont Mirabeau, que j'ai mis cette chose sur moi pour décourager d'éventuels agresseurs ou kidnappeurs.

Paul *(diplomate)* - J'avoue, Hortense, le camouflage est vraiment réussi ! Je peux même ajouter que si je vous avais croisée en pleine forêt, j'aurais eu peur !

June *(s'adressant à Guillaume)* - Pourtant il n'y a pas d'arbres sur le pont Mirabeau.

Guillaume *(à June mais trop fort)* - Pas du tout, mais des témoins affirmeront qu'il y avait bien un ours !

June s'éclipse en riant dans sa barbe vers la cuisine et revient quelques minutes après.

Hortense *(à Guillaume, indulgente et dégageant la tête de la couverture, montrant un serre-tête en velours noir dans ses cheveux)* - Oh, s'il te plaît Guillaume, ne te moques pas. Tu sais que mon père a été kidnappé quand j'étais petite fille et que j'ai été traumatisée. A sa libération, il a pris de telles mesures de sécurité que je ne pouvais plus sortir du 16è, sauf pour aller en vacances dans notre villa. Et dans ce cas, nous y allions à deux voitures, l'une avec un chauffeur et l'autre avec des gardes du corps. Par peur, j'ai gardé les mêmes habitudes car, après tout, je suis l'héritière de sa fortune.

Paul - Mais dans ces conditions, pourquoi êtes-vous venus à pied ?

Jacques *(allant s'asseoir dans le fauteuil design)* - Parce qu'il faut bien vaincre ses peurs un jour. Nous employons toujours des gardes du corps, mais le préfet de police nous a assuré que depuis la fin des années 90, ma femme et moi ne sommes plus une cible privilégiée d'éventuels kidnappeurs. Alors cet après-midi, j'ai proposé à Hortense de tenter l'aventure sur les 173 mètres que compte le pont, plus 5 mètres depuis la porte de notre immeuble Quai Louis Blériot jusqu'au pont, plus 25 mètres après le pont jusqu'à votre immeuble.

Guillaume - Ce qui fait 203 mètres ! Un bel exploit Madame Duchamin. Vous méritez la médaille d'or du courage !

Hortense - Merci mon grand ! Cela dit pour être honnête, j'ai tout de même pris un petit remontant une demi-heure avant le départ pour me donner du courage. Et cela m'a plutôt réussi ! *(Elle fait tomber sa couverture et apparaît dans une tenue décolletée jusqu'au nombril avec un legging moulant couleur or et par-dessus une jupe très frou-froutante nouée avec un ruban).*

Claire, Paul, Guillaume *(ensemble)* - Waouh !

Hortense - J'ai décidé que cette soirée serait celle de tous les dangers, alors j'ai emprunté cette tenue à une amie que je trouve un peu « olé, olé » mais qui est adorable et me voilà ! En revanche, je n'ai pas pris de sac à main, mais j'ai tout de même mon argent de poche sur moi. *(Elle tape deux coups sur son bas-ventre et on entend un bruit de ferraille.)*

Jacques *(curieux)* - Et tu as pris combien comme argent de poche ? 100, 200, 300 Euros ?

Hortense - 10 000. On ne sait jamais, si j'ai trop peur de rentrer à pied on prendra un taxi.

Jacques *(ironique)* - Effectivement, on devrait pouvoir payer un taxi pour rentrer !

Paul - À ce prix-là, vous pouvez même acheter la <u>voiture</u> du taxi !

Claire - Mais non, voyons ! On vous raccompagnera en voiture si vous avez peur, Hortense. On a offert une petite « Wingo » à Guillaume pour ses 20 ans et la voiture n'a pas bougé depuis une semaine.

Guillaume - Maman, tu sais, à Paris, on va plus vite en métro et on n'a pas besoin de chercher de place pour se garer.

Claire - Oui mais si tu vas en soirée, je serai plus tranquille de te savoir en voiture pour rentrer. Et puis demain, je te la prendrai pour aller à mon cours d'équitation au bois de Boulogne.

Guillaume - Ah d'accord ! En fait, TU t'es offert une voiture pour MON anniversaire !

Hortense - Guillaume, ne soyez pas ironique. Les mamans peuvent aussi se faire plaisir lorsqu'elles offrent des cadeaux pratiques à leurs enfants.

Claire - D'autant plus que j'ai choisi le modèle de collection des années 80. Vous savez, celui dont la publicité faisait *(elle chante)* « tala ta ta, tala ta ta, ta la la la la la la, la, la la lâ… ».

Jacques - Ah oui ! *(Il chante aussi)* Tala ta ta, tala ta ta, ta la la la la la la, la, la la lâ !

Tout le monde chante sauf Guillaume et June qui ne connaissent pas la référence. Puis les chanteurs rient de ce petit grain de folie musicale. Les jeunes rient aussi car ils trouvent amusant de voir les adultes si joyeux.

Paul *(enthousiaste)* - Jacques, je trouve que vous avez très bien fait de proposer à Hortense de vaincre ses peurs en venant à pied. Cela vous a mis « en train », enfin si j'ose dire ! Et vous Hortense, je vous tire mon chapeau. On peut dire que vous avez fait du « ch**a**min » depuis la dernière fois !

Hortense *(riant du jeu de mot de Paul)* - Le petit remontant a sans doute joué aussi ! Mais je vous rassure, je sais encore ce que je dis et ce que je fais. Et je me souviens très bien que vous souhaitez me soumettre un nouveau projet éditorial, mon cher Paul.

Paul *(faisant semblant d'avoir peur)* - Ouh, alors il est grand temps que je vous serve un apéritif bien tassé !

Claire - Bonne idée, passons à l'apéritif !

Jacques veut se lever du fauteuil mais éprouve de grandes difficultés à s'en extirper. Guillaume l'aide en le tirant par le bras et lui montre qu'il peut aussi passer par-dessus l'un des accoudoirs.

ACTE III

Les hôtes servent l'apéritif et June apporte les entrées et les pose sur la table.

Claire - June, vous avez bien mis le canard en route ?

June - Oui Claire, quand Monsieur et Madame Duchamin sont arrivés.

Claire - Très bien. Prenez un peu de Champagne avec nous. *(Puis s'adressant à M. et Mme Duchamin)* : Hortense, Jacques, vous connaissez June, notre étudiante au pair qui nous vient tout droit de Londres ?

Jacques - Oui, je me souviens l'avoir croisée le jour où je suis venu déposer les exemplaires du dernier ouvrage de Paul. *(Puis s'adressant à June)* : Alors, la vie parisienne vous plaît-elle ? Monsieur et Madame Jauze ne vous exploitent pas trop, j'espère !

June - Pas du tout ! Claire m'a inscrite à la Sorbonne pour une année et me fait visiter des musées et des monuments de Paris régulièrement. De mon côté, je lui donne un coup de main pour les repas et je fais un peu de ménage, mais cela prend peu de temps en vérité. *(Elle ajoute, moqueuse)* : Mes hôtes sont très propres !

Jacques - June, vous êtes charmante ! Surtout, gardez votre petit accent si vous tombez sous le charme de la France et que vous décidez de rester ici très longtemps.

Guillaume (*rêveur*) - Oui, le charme... C'est une référence en France... presque une institution.

Les parents de Guillaume le regardent et se regardent avec un air interrogatif.

Paul - Le charme ? Cela entre dans quelle catégorie en droit ?

Guillaume - Cela n'a pas vraiment de rapport, papa. D'ailleurs un jour, il faudra que je t'en parle.

Paul reste dubitatif.

Hortense - Guillaume a raison. Le charme en France est très important. Au 19è siècle, Paris était le lieu de la licence, de la cuisse légère. C'était dans des proportions indécentes à l'époque, puis les choses se sont assagies et aujourd'hui, le Moulin Rouge ou les Folies Bergères sont devenues des institutions où les charmes se dévoilent, mais de façon artistique.

En entendant ces paroles, June fait comme si elle enfilait de longs gants sur ses bras puis imite une danseuse de French cancan.

Guillaume - Exactement ! Et c'est ce à quoi je faisais référence. Ne pas tout dévoiler ; suggérer ; *(Guillaume mime pendant qu'il parle)* montrer le cou d'une femme qui a relevé ses cheveux ; faire un gros plan sur l'arrondi d'une hanche ; montrer des jambes galbées pour faire remonter le regard comme si l'on suivait un chemin vers le Paradis. Vous comprenez : ne pas tout montrer. Laisser la place au rêve et à la découverte.

Les parents de Guillaume ont la mâchoire qui tombe de stupéfaction. Puis Paul se reprend et dit:

Paul - Bon, je crois que tu as assez bu comme ça Guillaume. *(Il lui retire sa coupe de champagne).* Passons à table les amis !

Tout le monde se lève, passe à table et Claire passe les plats pour que chacun se serve de l'entrée.

June - Je vais jeter un petit coup d'oeil au canard et j'arrive.

Claire - Oui, merci June !

June se dirige vers la cuisine et on entend : Merde ! Tout le monde regarde vers la cuisine. June revient en courant et dit :

June - Claire, le four est cassé. Le canard est crou !

(<u>Note de l'auteur</u> : si l'on fait appel à un vrai livreur de pizza, commander 4 pizzas à ce moment, le temps que le livreur arrive. Voir ensuite si le livreur est prêt à monter sur scène, avec son casque qu'il relèvera. Sinon, un acteur doit se tenir prêt à jouer le rôle).

Claire - Mais je ne comprends pas ! Le four est neuf ! Qu'allons-nous dîner, alors ?

Guillaume - On peut commander des pizzas !

Paul - Des pizzas ! Pour Monsieur et Madame Duchamin, Guillaume, tu n'y penses pas !

Hortense - Mais si ! Je n'ai jamais commandé de pizza à faire livrer. Je veux le faire ! Je vous invite. De toute façon, j'ai de quoi payer ! *(Elle tape sur son bas-ventre et l'on entend à nouveau un bruit de ferraille).*

Paul - Comme vous voulez, Hortense. Le téléphone est là. Guillaume, as-tu le numéro de téléphone d'une pizzeria ?

Mme Duchamin se dirige vers le téléphone fixe.

Guillaume - Tout de suite, papa. *(Il prend son portable et dicte un numéro d'une pizzeria)* : 01 45 ...

Mme Duchamin numérote et la conversation s'engage avec la pizzeria :

Hortense - Bonsoir, je voudrais vous commander des pizzas pour 6 personnes, s'il-vous-plaît…. Combien de pizzas me conseillez-vous d'acheter ? … Bien, alors je vais prendre 4 maxi pizzas. Quels parfums avez-vous ? … Très bien, alors 2 margaritas, 1 pepperoni et 1 savoyarde.
Cela fera combien ?… Dans combien de temps pensez-vous les livrer ? … Très bien. Je vous donne notre adresse …. *(Mme Duchamin se tourne pour indiquer l'adresse en parlant plus bas pour qu'on entende les autres personnages qui reprennent la conversation.)*

Claire - Vraiment, cette soirée est la soirée de toutes les surprises !

Paul - À qui le dis-tu, mon canard !

Claire - Ah non, ne parle pas de canard ce soir !

Paul - Je n'ai pas pu résister, ma colombe. Lundi, j'appellerai le service après vente et ils nous changeront le four. Ce n'est pas si grave.

Claire - Tu as raison, mon coeur, mais cet imprévu me chagrine un peu quand-même.

Paul va consoler sa femme en la prenant dans ses bras. Mme Duchamin raccroche et dit :

Hortense - Les pizzas vont arriver très vite, d'après ce que m'a dit le vendeur. *(Elle reste assise près du téléphone).*

Claire se lève de table et va s'installer dans le fauteuil-liseuse.

Claire - Tant mieux car je commence à avoir une de ces faims.

June - Moi aussi. Les entrées m'ont mise en « appetaïte » .

Paul - en « appétit » June, c'est le même mot, mais en plus... français.

June acquiesce pour montrer qu'elle a compris.

Jacques *(se levant et s'avançant dans la pièce en se frottant les mains)* - Moi aussi, j'ai faim les amis. J'espère que le livreur va se dépêcher d'arriver.

Hortense - Oui, parce qu'à la fin, on ne va plus savoir quoi dire pour meubler l'attente...

Marquer un silence.

June - Et ce serait dommage de parler pour ne rien dire pour meubler l'attente...

Marquer un silence.

Paul *(se levant et allant très proche du public)* - À la fin, certains pourraient même se lasser... *(il regarde la salle, marque un silence puis s'exclame soudain)* : J'ai une idée ! *(Tout le monde est* *soulagé)*. Et si je vous présentais mon projet éditorial, Hortense ?

Hortense - Mais oui ! *(puis regardant le public)* - Et ça va bien meubler, à mon avis...

Paul *(tout content)* - Alors, suite à mon ouvrage sur les plus belles cathédrales de France, je vous propose les plus beaux jardins des cathédrales de France ! J'ai déjà avancé sur le sujet. On peut les aborder de façon historique, culinaire et cérémoniale.

June - Est-ce qu'il y a encore suffisamment de jardins autour des cathédrales pour en faire un livre ?

Paul *(parle comme un professeur faisant une leçon)* - Il y en a de moins en moins, il est vrai, car les cathédrales sont situées dans de grandes villes où les espaces sont occupés parfois très près de ces monuments, mais il y a énormément de choses à dire sur ceux qui restent : par exemple, les potagers servaient à nourrir les ecclésiastiques. Certains végétaux étaient aussi toujours présents dans ces jardins pour les cérémonies religieuses, comme le buis pour les rameaux dans les régions situées au Nord de la Loire. Dans le Sud, d'autres végétaux pouvaient être utilisés pour les mêmes fonctions.

Hortense - J'aime assez l'idée mais, pour aller dans le sens de la remarque de June, il faudrait plutôt partir sur un titre comme les plus beaux jardins des églises et cathédrales de France. Comme cela vous aurez plus de choix en ne réduisant pas le sujet de l'ouvrage aux seules cathédrales. Ce qui serait intéressant également, serait de montrer si ces jardins ont évolué au fil des siècles en fonction, soit des impératifs, comme les famines, soit des maladies, avec la plantation de plus de plantes médicinales, ou lors des périodes fastes de plus de plantes pour le culte. Et abordez aussi l'époque actuelle. A quoi servent ces jardins aujourd'hui alors que l'urbanisme croissant nécessite peut-être plus de zones de verdure pour les citadins ?

Guillaume *(ironique)* - Je sens que ça va faire un boeuf !

Paul *(piqué au vif)* - Tu as peut-être mieux à proposer ?

Guillaume - En fait oui, papa, si Madame Duchamin veut bien que je lui en parle, naturellement.

Hortense - Mais bien-sûr Guillaume ! Aujourd'hui, je suis prête à tout entendre et je suis curieuse de savoir ce que la jeunesse actuelle a comme centre d'intérêt. *(Paul fait la tête et Hortense le remarque. Alors, elle ajoute)* : Je tiens toutefois à préciser que l'idée de ton père n'a rien à envier à toute autre idée.

Paul passe son pouce sous son menton en direction de Guillaume pour lui faire comprendre « et toc ! »

Guillaume - Eh bien, quand nous parlions de charme tout à l'heure, nous étions en plein dans... enfin je veux dire, nous avions le doigt sur...euh, enfin c'était tout à fait le sujet de mon idée de parution.

Hortense *(méfiante)* - Tu veux éditer un livre coquin ?

Paul et Claire ne savent plus où se mettre. Claire essaie de sortir du fauteuil-liseuse mais n'y arrive pas. Après plusieurs tentatives infructueuses, elle se laisse retomber dedans. Pendant que Guillaume explique son idée, Jacques montre à Claire ce que Guillaume lui a montré auparavant, à savoir, sortir par-dessus un accoudoir, ce que fait Claire en se contorsionnant avec difficulté mais en vain.

Guillaume *(inspiré)* - Pas du tout ! Au contraire ! J'ai réalisé des clichés du corps féminin qui ne montrent rien crument. Tout est art et poésie. D'une hanche arrondie, j'ai fait une colline dans un paysage bucolique ; d'un ventre nu et son nombril, j'ai suggéré une dune blonde accueillant un nid d'oiseau en son centre. Regardez *(il sort son portable pour montrer à Hortense)*, vous voyez, il n'y a rien de vulgaire dans ces compositions.

Hortense - C'est très bien fait, en effet. Guillaume, vous êtes un véritable artiste. Je pense qu'effectivement, nous pourrions éditer un ouvrage d'art si vous disposez de suffisamment de clichés, bien-entendu.

Paul et Claire sont soulagés. Claire réussit enfin à sortir du fauteuil. Paul prend sa place.

Hortense - Et là, où l'on voit quelques pâquerettes, c'est du gazon ?

Guillaume *(gêné)* - Oui, si l'on veut.

June *(effrontée)* - C'est du gazon anglais !

Guillaume n'est pas à l'aise du tout, presque honteux.

Paul *(dépité et essayant tout en parlant mais sans y arriver, de sortir du fauteuil)* - Du gazon anglais ! *(à lui même)* Est-ce que je crois ce que je pense ? *(il chasse cette idée en faisant non de la tête).* Pas la peine de préciser, June. Ça tombe sous le sens, les anglais sont réputés pour leur gazon impeccable. Personne n'a jamais entendu parler du gazon allemand, par exemple. D'ailleurs, je ne sais même pas à quoi pourrait ressembler un gazon teuton ? Il serait en bataille peut-être ?

Il rit de sa propre blague et se laisse retomber dans le fauteuil. Jacques vient lui montrer comment en sortir.

Le livreur de pizza sonne à la porte.

Tout le monde s'exclame - Ah, les pizzas !

Paul se tortille et sort avec succès du fauteuil. Tout le monde le regarde et quand Paul réussit, Jacques applaudit sans bruit. Paul va ouvrir au livreur. Il se dirige ensuite vers sa veste pour prendre son porte-feuille. Le livreur (vrai ou acteur), casque intégral sur la tête, est timide. Il ose à peine monter sur scène. Hortense va le prendre par la main et l'attire au milieu de la scène pour qu'il pose les pizzas sur la table.

Hortense - Mais entrez, posez-ça là et enlevez donc votre casque cher ami. Nous sommes entre nous *(elle désigne le public d'un large geste du bras. Le livreur relève ou retire son casque).* Comment vous appelez-vous, jeune homme ?

Le livreur indique son prénom. Si c'est un acteur, il s'appelle Manu.

Hortense - Eh bien mon cher X / Manu, vous avez été très rapide. Je crois que l'on peut vous applaudir ! *(elle s'adresse au public dans la salle. Le public et les acteurs applaudissent le livreur).*

Paul s'avance, porte-feuille à la main, pour payer les pizzas.

Hortense - Non, Paul. J'ai dit que je payais les pizzas. Je vais jusqu'au bout de mon expérience. Combien vous dois-je, bel ami ?

Le livreur : 47 Euros !

Hortense met la main dans ce qu'on pense être sa culotte. On entend un système d'ouverture grincer. Elle cherche un peu et ressort un gros billet qu'elle donne au livreur.

June - Aaaah ! Je comprends maintenant pourquoi on dit « L'argent n'a pas d'odeur » !

Paul porte une de ses mains à son front, l'air de dire « mon Dieu ! »

Hortense - Voilà X / Manu. Gardez la monnaie. Vous avez été par-fait !

Le livreur repart. Mais juste avant qu'il ne sorte de scène, Hortense l'interpelle :

Hortense - Attendez X / Manu ! Vous ne saluez pas en partant ? (*Elle désigne le public d'un large geste du bras*).

Le livreur, un peu gauche, salue plusieurs fois la salle comme un véritable acteur de théâtre. Le public et les acteurs l'applaudissent plus fort encore que la première fois ou lui font même une ovation.

Claire - Bien, et si nous dévorions enfin ces pizzas !

ACTE IV

Les invités ont terminé les pizzas qu'ils ont mangées avec les doigts. Les hommes et June se sucent les doigts tellement c'était bon. Claire et Hortense s'essuient les doigts dans les serviettes en papier livrées avec les pizzas.

Jacques - Les pizzas étaient vraiment délicieuses ! Hortense, ma chérie, il faudra en recommander une autre fois.

Hortense acquiesce. À ce moment, un homme casqué fait irruption dans le salon.

Hortense *(prenant l'intrus pour le livreur de pizza)* - Tiens X / Manu ! Vous avez oublié quelque chose, mon cher ?

L'homme casqué - Tais-toi la vieille ! *(Il sort une batte de base-ball de derrière son dos)*. Ceci est un hold-up. Je veux les bijoux, les montres en or, vos portables et votre liquide. Dépêchez-vous les rupins, sinon je vous explose la tête !

Tout le monde s'exécute et dépose les objets devant le malfaiteur.

L'homme casqué - Et toi, l'épouvantail avec le tutu. Tu donnes rien ?

Hortense *(se levant et ôtant ses bagues)* : Je n'ai pas pris mon sac à main pour venir chez mes amis, ce soir. Alors je vous donne mes bagues. Je n'ai que cela.

L'homme casqué se tourne vers les autres personnages. Il est dos au fauteuil-liseuse. Hortense se met derrière le fauteuil et fait signe aux autres qu'il faut faire tomber le malfaiteur dedans. Paul et June s'avancent doucement vers le malfaiteur. Jacques qui était proche de sa femme se rapproche du dos du fauteuil sans se faire remarquer.

Paul - Tenez. Je n'ai pas beaucoup de liquide mais je vais vous donner ma montre en or.

L'homme casqué - Et ton portable !

Paul lui donne son portable.

June - Voilà le mien et ma bague. Le code pour déverrouiller le portable est le 4-3-2-1 *(elle le dit comme un signal pour les autres).*

L'homme casqué *(baissant la tête pour vérifier le code)* - Pas très malin ton code !

Au moment où le malfaiteur baisse la tête, Jacques pousse le fauteuil et heurte fortement les jambes du voleur, tandis que Paul et June le poussent de leur côté. L'homme au casque tombe assis dans le fauteuil.

L'homme casqué - Ah, Ah ! Vous n'avez rien trouver de mieux pour m'empêcher de vous exploser la tête, les tarés !

Il essaie de s'extirper du fauteuil mais n'y arrive pas. Hortense profite de l'impossibilité de bouger du malfaiteur pour dénouer très vite le ruban qui tient son tutu à la taille, le laissant tomber à ses pieds, et arrache un petit coffre-fort en métal qui était scratché à son bas-ventre sous le tutu.

Hortense - Si ! *(et elle assène un grand coup de coffre sur le casque du malfaiteur dans un grand bruit de ferraille).*

Le malfaiteur lâche sa batte et défaille un peu. Guillaume se saisit de la batte et dit à son père :

Guillaume - Papa, appelle la police ! S'il se réveille, je l'assomme à nouveau !

Paul *(appelle sur le fixe)* - Allo, la police ! Venez vite au 10 avenue Emile Zola. Nous venons d'être cambriolés, mais le malfaiteur est un peu évanoui. Venez vite avant qu'il ne se réveille ! Merci ! *(il raccroche et dit)* : Ils envoient une équipe immédiatement.

June *(s'approchant de Guillaume)* - Mon William, tu étais déjà mon grand artiste photographe, maintenant tu es aussi mon héros !

Paul - C'est bien ce que je pensais ! Vous venez d'avouer : le gazon anglais, c'était vous !

June *(avouant)* - La colline bucolique et la dune blonde aussi !

Paul ébauche un geste de colère mais Hortense le retient.

Hortense - Voyons Paul, ne vous fâchez pas. C'est dans la logique des choses. Vous aussi à leur âge vous avez fait pareil. Il a bien fallu que vous escaladiez une colline *(elle montre Claire du menton)*, que vous traversiez la dune pour arriver jusqu'au gazon de Claire afin d'avoir Guillaume. Et regardez quel intrépide garçon vous avez eu ! Il nous a sauvés !

Paul - Oui, mais y'avait pas photo !

Jacques *(en riant)* - Vous auriez dû le faire ! Peut-être que vous auriez connu un succès éditorial plus rapide !

Paul ouvre la bouche mais reste sans voix. À ce moment, on frappe à la porte et Paul oublie la blague offensante de Jacques.

Paul - C'est la police !

Deux policiers entrent alors que le malfaiteur commence à se réveiller.

Un policier - Messieurs, dames. Alors, mon gaillard ! Tu t'es fait avoir comme un bleu !

Hortense *(s'adressant au malfaiteur)* - Tu as vu, elle n'est pas si nase la vieille !

Claire - Comme quoi, l'expérience malheureuse vécue avec votre père vous a finalement aguerrie, Hortense !

Hortense - En effet, mais ce hold-up confirme tout de même qu'on est plus en sécurité dans le 16è…

Le deuxième policier - Ne croyez pas ça, Madame. L'homme au casque avait cambriolé plusieurs appartements de l'autre côté du Pont Mirabeau. On le recherchait activement. Heureusement qu'il a eu l'idée de passer dans le 15è car il est tombé sur vous ! *(Il rit)*. Vous pourrez déposer plainte dès demain au commissariat. *(Puis, s'adressant au cambrioleur)* : Allez, hop, on t'embarque ! Au revoir messieurs, dames.

Les policiers repartent avec le malfaiteur.

Claire - Bien, pour nous remettre de nos émotions, je vous propose de passer au dessert. J'avais préparé une tarte ce matin lorsque le four marchait encore. Elle est cuite, je vous le promets ! Nous n'aurons pas besoin de nous faire livrer des glaces.

June - Je vais la chercher !

Claire - Merci June. Guillaume, va chercher des assiettes à dessert et des petites fourchettes, s'il-te-plaît. June n'aura pas assez de bras pour tout ramener.

Guillaume - Tout de suite, maman !

Il part en courant.

Paul - Et moi je vous propose du champagne pour fêter la victoire du coffre fort sur la batte de base-ball !

Hortense *(en riant et mimant son geste)* - Je ne pensais vraiment pas que changer mes habitudes me convertirait en pourfendeuse de hors la loi !

Jacques - Je suis vraiment fier de toi, ma chérie, mais je dois avouer que je préférerais que nos changements aient des conséquences un peu moins radicales !

Claire - Je vous comprends Jacques car on peut dire que ce petit changement a eu un énorme effet papillon, et à seulement 203 mètres de chez vous. Je n'ose imaginer ce qui se produira demain à l'autre bout du monde !

Paul - En tout cas, grâce à vous Hortense, nous avons retrouvé notre tranquillité, et les habitants du 16è aussi, si l'on en croit les dires de la police.

Hortense - J'en avais entendu parler, il est vrai, mais je ne voulais pas y croire. Apparemment, tout change ! Le 16è n'est plus si sûr et les cambrioleurs s'habillent comme des livreurs de pizzas.

Jacques - Et les héritières fortunées du 16è se transforment en lutteurs professionnels !

Hortense - il faut savoir s'adapter à son environnement !

Guillaume *(de retour de la cuisine avec les d'assiettes)* - Oui, mais je pense qu'il faut aussi garder certaines traditions.

Paul - Et c'est toi qui dis ça !

Guillaume - Oui, papa.

Paul - Ah, oui, le charme ! Une tradition française plusieurs fois centenaire. Toi, on peut dire que tu restes fidèle à tes idées. Et le droit dans tout cela ?

Guillaume - L'un n'empêche pas l'autre.

Hortense - Guillaume a raison, Paul. Les jardins des églises, le droit, le charme, tous ces domaines sont à la fois des fondamentaux, notamment en France, mais ils évoluent aussi - même le droit, avec la jurisprudence. Mais le plus important, je crois, c'est que ces évolutions rassemblent finalement les générations. Les uns vont expliquer les bases et témoigner de ce qui a déjà été fait. Les autres vont s'approprier ces connaissances pour les adapter ou les réinventer et ils vont alors expliquer aux premiers ce qui a changé.

Jacques - J'apporterais tout de même deux réserves à ce que tu dis, ma chérie. Parfois la nouvelle génération n'explique rien du tout aux anciens. D'autre fois, elle réinvente le fil à couper le beurre car elle a cru pouvoir se passer de l'expérience des plus vieux qu'elle.

Hortense - Pêché d'orgueil, peut-être ? Dans ce cas, à nous de savoir les écouter, captiver leur attention et les étonner.

June - Comme vous avez fait avec le cambrioleur !

Hortense - Tout à fait. Mais j'avoue m'être étonnée moi-même !

Claire - Je suis d'accord avec ce que vous dites, Hortense. Les préoccupations ou sujets d'intérêt restent les mêmes d'une génération à une autre et chacun y apporte sa touche personnelle. Regardez, Paul veut parler des jardins et Guillaume a inventé des paysage naturels à partir du corps féminin. C'est le même thème.

Guillaume - Exactement !

Paul à Guillaume - Ça t'arrange bien, toi !

Claire *(inspirée)* - J'irais même plus loin dans cet exemple. Je crois qu'inconsciemment, Guillaume a été inspiré par l'idée que des peuples traditionnels ont souvent mise en avant : le lien entre la femme et la Nature, toutes deux fécondes. On parle de terre nourricière, de mère de toute vie sur Terre, la fameuse Pacha Mama. Mais je ne sais pas où il a pêché cette idée.

June - Justement, quand vous dites « féconde » …
Guillaume se retourne vers June d'un coup. Il porte une main à sa tête et se réfugie dans un coin du salon où il sent ses jambes se dérober sous lui.

Paul - S'il vous plaît, June, laissez parler Claire. Le concept de Pacha Mama est très complet et intéressant à développer. Cela dépasse de loin le charme des gazons britanniques, croyez-moi.

June - Ça dépend pour qui... Parce que le gazon anglais peut parfois recéler des trésors, même tout petits.

Paul *(lui faisant signe de se taire avec la main mais le visage tourné vers Claire pour écouter ce que sa femme a à dire)* - oui, oui, on sait, des coccinelles, des sauterelles, des papillons...

June - et des têtards...

Paul - Des têtards ? Non, pas dans le gazon, voyons. Des têtards ! *(Paul hausse les épaules, considérant que June raconte n'importe quoi. À chaque fois que Paul répète le mot « têtard », Guillaume s'écroule de plus en plus)*. Des TËTARDS !! *(Guillaume s'écroule pour de bon)*. EST-CE QU'IL FAUT QUE JE CROIE CE QUE JE PENSE ?!

Tout le monde regarde June et Guillaume, allongé par terre. Ils ont tous compris et attendent la réponse de June.

June *(doucement et regardant son ventre en posant sa main dessus)* - Faudra bien...

Paul sent lui aussi ses jambes se dérober sous lui et se retient au mur du salon. Claire, au contraire, se lève et va prendre June dans ses bras. Hortense joint ses mains avec un grand sourire en regardant son mari.

Claire - C'est merveilleux June ! C'est un peu tôt mais c'est merveilleux. On va s'organiser, vous allez voir.

Paul *(qui a retrouvé son aplomb)* - C'est GUILLAUME qui va s'organiser, moi j'vous l'dis ! Et si tu ne passes pas le barreau, mon fils, je'm débrouillerai pour qu'on t'y mette, mais derrière... les barreaux !

Claire fait non de la tête pour montrer que Paul dit n'importe quoi.

Paul *(qui change soudain complètement de ton)* - Mais alors, je vais devenir grand-père ! Ah, ah ! Ah, ah ! Ouais ! *(il fait comme si son équipe de foot favorite avait marqué un but et va relever son fils et l'écrabouille rudement contre lui. Tout le monde rit. Puis, honteux d'avoir fait tant de bruit, il déclare)* : Mais ne faites pas tant de bruit, vous allez effrayer le bébé tout de même !

Hortense - June, cela me donne une idée. Est-ce que cela vous plairait d'écrire au quotidien vos impressions et réflexions sur votre état de future maman ? Un peu comme un journal intime ?

June - Oui, Madame Duchamin, je peux essayer.

Hortense - Claire, si vous arrivez à développer le parallèle entre le féminin et la Nature, vous sentez-vous capable d'en faire un précis philosophique ou historique ? En tant que professeure d'Histoire, vous ne devriez pas avoir de mal à trouver de la documentation.

Claire - Cela me paraît tout à fait possible.

Hortense - Et vous messieurs, puis-je compter sur vos ouvrages respectifs ?

Paul - Bien-sûr, comme d'habitude.

Guillaume - Avec grand plaisir !

Hortense - D'accord pour quatre ouvrages, alors ! Mais j'ai deux pré-requis.

Guillaume - Lesquels ?

Hortense - Que vous respectiez tous les quatre la date de remise de manuscrit qui sera indiquée sur vos contrats.

Paul, Claire - Pas de problème.

June - si je peux, oui.

Guillaume - Et le deuxième pré-requis ?

Hortense - Pour nous éviter d'autres aventures ce soir, je voudrais que vous nous raccompagniez en voiture de l'autre côté du Pont Mirabeau parce que cette soirée m'a vraiment fatiguée.

Elle se laisse tomber dans le fauteuil-liseuse et les autres mettent leurs mains sur la tête ou regardent en l'air pour dire qu'il ne fallait pas aller s'asseoir dans ce fauteuil !! Tous crient :

Tous - Non !!

Et rient en allant aider Hortense à sortir du fauteuil.

RIDEAU

Addendum

Claire revient sur le devant de la scène et s'adresse au public. Derrière elle, June vient voir ce qui se passe mais Claire ne la voit pas. June mime la recette dans le dos de Claire.

Claire - Pour la recette du canard au miel et au thym, c'est simple :

- Allumez votre four à 175 degrés,

June tourne le bouton d'un four imaginaire.

- Placez votre canard dans un plat allant au four. Salez, poivrez légèrement.

June saupoudre du sel imaginaire.

- Faites cuire le canard 25 minutes en l'arrosant avec son jus puis tournez-le de côté en laissant cuire 10 minutes.

June s'incline d'un côté.

- Tournez-le de l'autre côté et laissez cuire 10 autres minutes.

June s'incline de l'autre côté.

- Juste avant de servir, ajoutez 2 à 3 cuillères à soupe de miel et une cuillère à café de thym.

June verse des cuillères imaginaires de miel qui coule (elle se lèche le doigt).

- Servez et dégustez !

Claire salue la salle et s'en va. Elle n'a pas vu June. June s'approche en catimini des spectateurs et déclare :

June - Et surtout, n'oubliez pas d'allumer votre four !

June part en courant.